# Das Ravensburger Werkbuch Farbe

**M. A. COMELLA**

# Das Ravensburger Werkbuch Farbe

## M. A. COMELLA

Ravensburger Buchverlag

Bibliographische Information der Deutschen Nationalbibliothek:

Die Deutsche Nationalbibliothek verzeichnet diese Publikation in der Deutschen Nationalbibliografie. Detaillierte bibliografische Daten sind im Internet über http://dnb.d-nb.de abrufbar.

© 2015 Ravensburger Buchverlag Otto Maier GmbH
Postfach 1860
88188 Ravensburg

Alle Rechte, auch die des auszugsweisen Nachdrucks, der fotomechanischen Wiedergabe und der Übersetzung, vorbehalten.

Titel der Originalausgabe: Pinto y dibujo
Texte und Illustration: M. Àngels Comella
Originalausgabe © Editorial Paidotribo
Les Guixeres, C/de la Energía, 19–21, 08915 Badalona, España

Deutsche Ausgabe
Übersetzung aus dem Englischen: Lektoratsbüro Hille & Schäfer; Susanne Bonn
Umschlagfotos: iStockphoto / Vladimir
Umschlagsdesign: Miriam Weber
Satz: Katrin Kleinschrot, Stuttgart
Printed in Germany

4 3 2 1     D C B A

ISBN 978-3-473-55313-6
www.ravensburger.de

# Inhalt

**Wachsmalkreiden** ...... 7
Malen mit Wachsmalkreiden ...... 8
Verschiedene Muster ............ 10
Kleine Experimente ............ 12
Wachsmalkreiden auf farbigem Papier . 14
Wachsmalkreiden auf rauem Papier .. 16
Wachsmalkreiden und Wasserfarben .. 18
Wachsmalkreiden auskratzen ...... 20
Wachsmalkreiden auf Seidenpapier ... 22
Wachsmalkreiden auf Stoff ........ 24

**Wasserfarben** ........... 25
Malen mit Wasserfarben .......... 26
Verschiedene Muster ............ 28
Kleine Experimente ............ 30
Wasserfarben und Wasser ........ 32
Wasserfarben aufspritzen ......... 34
Wasserfarben und weiße
Wachsmalkreide ............... 36
Wasserfarben und Filzstifte ........ 38
Wasserfarben und Spülmittel ....... 40
Wasserfarben auf Holz ........... 42

**Plaka-Farben** ............. 43
Malen mit Plaka-Farben .......... 44
Verschiedene Muster ............ 46
Kleine Experimente ............ 48
Plaka-Farben auf durchsichtiger Folie . 50
Plaka-Farben und Waschpulver ..... 52
Plaka-Farben auf Alufolie ......... 54
Eine Collage aus verschiedenen
Techniken .................... 56
Mit einer Rolle malen ............ 58

**Buntstifte** ............... 59
Malen mit Buntstiften ............ 60
Verschiedene Muster ............ 62
Kleine Experimente ............ 64
Buntstifte auf eingedrückten Mustern . 66
Wasserlösliche Buntstifte ......... 68
Buntstifte auf Wasserfarben ....... 70
Buntstifte auf rauem Papier ....... 72
Buntstifte und Kohlepapier ........ 74
Buntstifte und Radiergummi ....... 76

**Filzstifte** ................ 77
Malen mit Filzstiften ............ 78
Verschiedene Muster ............ 80
Kleine Experimente ............ 82
Linienmuster mit Filzstiften......... 84
Filzstifte auf Transparentpapier ..... 86
Filzstifte und Wachsmalkreide ...... 88
Filzstifte auf gut saugendem Papier ... 90
Wassertropfen auf Filzstift ........ 92

Glossar .................... 94

# Über dieses Buch

Wenn du ein Bild malst, verwendest du meistens Buntstifte und ein weißes Blatt Papier. Du kannst aber auch ganz andere Materialien verwenden.

In diesem Buch findest du viele Beispiele, wie du mit verschiedenen Farben, Stiften und Kreiden fantasievolle Bilder malen kannst. Es zeigt dir, wie du Farben sogar mit Waschpulver oder Spülmittel mischen kannst. Und du kannst statt einem Pinsel eine Zahnbürste oder auch einen Schwamm verwenden. Spannend ist es auch, einmal auf Alufolie, Holz, Kork oder Glas zu malen. In Übungen werden dir diese und viele andere Techniken Schritt für Schritt erklärt.

Male zuerst nach den Übungen in diesem Buch. Überlege dir dann deine eigenen Motive und probiere neue Techniken aus. Du wirst überrascht sein, wie viele verschiedene Wege und Möglichkeiten es gibt, deine Ideen in schöne Bilder umzusetzen.

# Wachsmal-kreiden

# 1 Malen mit Wachsmalkreiden

## Ein Kasten mit Wachsmalkreiden

Wachsmalkreiden gibt es in vielen verschiedenen Farben.

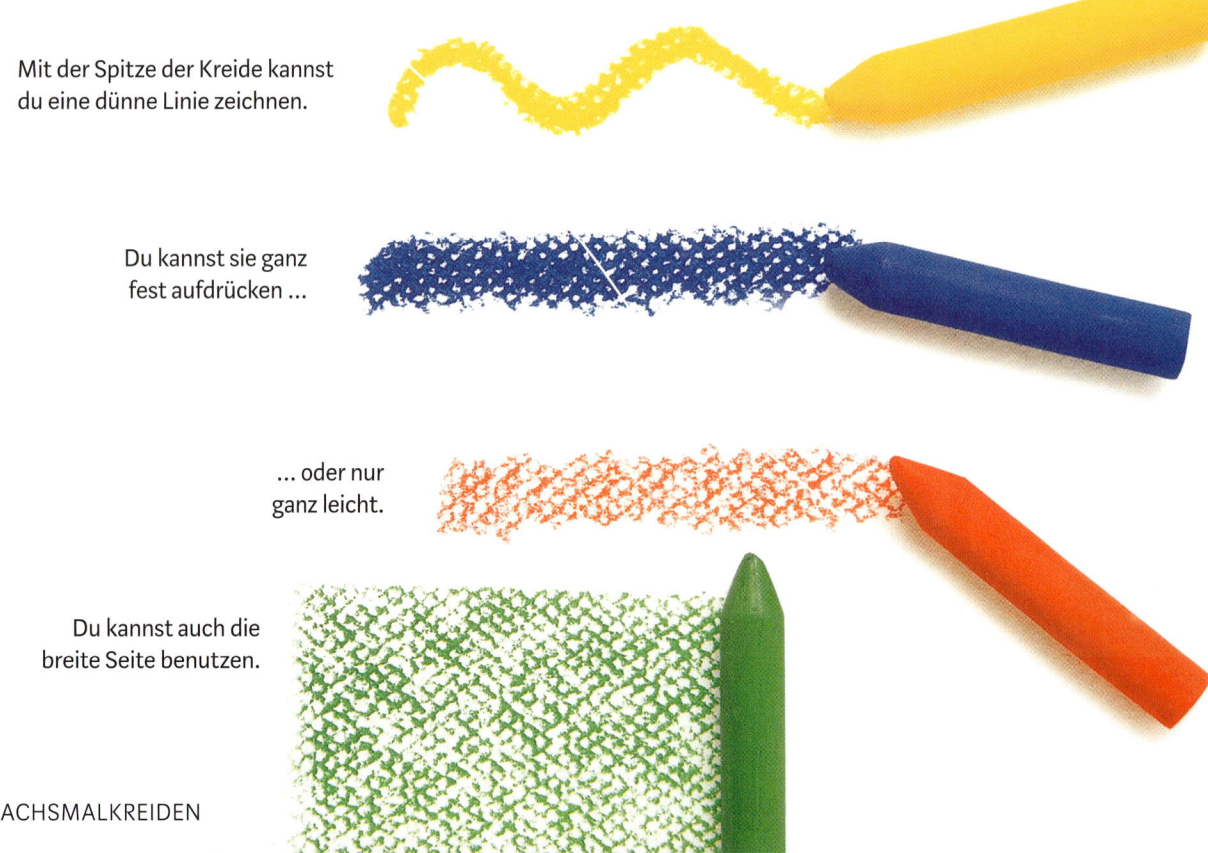

Mit der Spitze der Kreide kannst du eine dünne Linie zeichnen.

Du kannst sie ganz fest aufdrücken ...

... oder nur ganz leicht.

Du kannst auch die breite Seite benutzen.

# Probiere aus ...

... mit zwei verschiedenen Farben zu malen.

Wenn du ganz leicht aufdrückst, scheint die untere Farbe durch.

Du kannst auf farbigem Papier malen, ...

... die Farben miteinander verwischen ...

... oder sie ineinander malen.

**WACHSMALKREIDEN**

# 2 Verschiedene Muster

Du kannst mit Wachsmalkreiden auf ganz verschiedenen Untergründen malen. Dabei entstehen interessante Muster.

Wenn du ein Blatt unter ganz dünnes Papier legst und mit der Kreide leicht darüberstreichst, entsteht ein Abdruck.

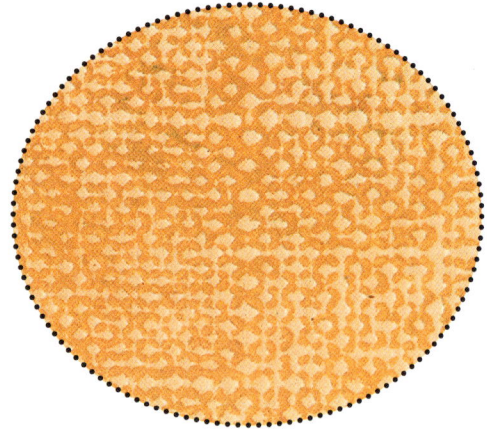

Du kannst auf dickem, gemustertem Papier malen, …

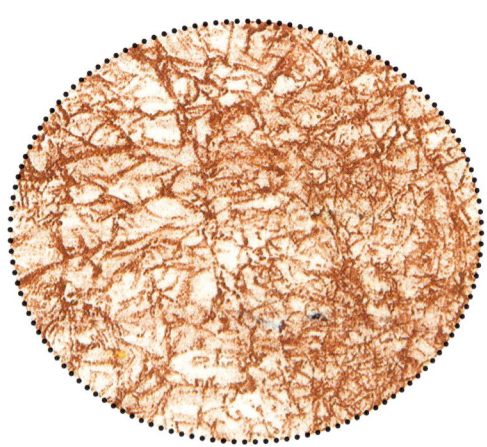

Ein schönes Muster entsteht, wenn man dünnes Papier über eine Alufolie legt und vorsichtig darübermalt.

… auf Stoff …

… oder auf Kork.

Probiere Wachsmalkreiden einmal auf Sandpapier aus.

Wenn du ein Papier dick mit einer Schicht Wachsmalkreide bemalst und die Farbe dann mit einem spitzen Gegenstand herauskratzt, bekommst du unterschiedliche Muster. Du kannst mit einem Zahnstocher, einer Kugelschreiberkappe oder einem Pinselstiel kratzen.

Versuche einmal einige Linien auszukratzen.

Streiche zwei verschiedene Farben übereinander und kratze dann Linien in die obere Schicht. Die untere Farbe wird sichtbar.

Du kannst Wachsmalkreiden auch mit Plaka-Farben übermalen.

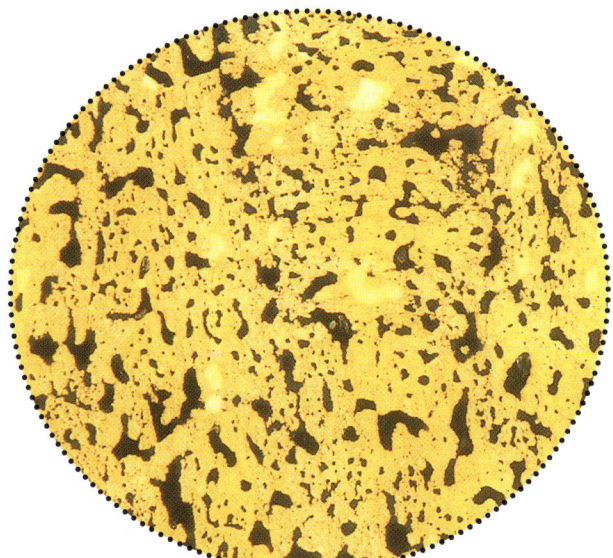

Dafür musst du viele Schichten Plaka-Farbe übereinandermalen. Jede Schicht muss gut trocknen.

Wenn die Wachsmalkreide vollständig mit Farbe bedeckt ist, kannst du Linien und Figuren herauskratzen.

WACHSMALKREIDEN

# 3 Kleine Experimente

Weil Wachsmalkreiden Wasser abweisend sind, ist es schwierig, aber gleichzeitig auch spannend, sie mit anderen Farben zu übermalen. Male einmal auf vier Blätter Papier mit Wachsmalkreide dasselbe Muster und beobachte, was passiert, wenn du es dann jeweils mit einer anderen Farbe übermalst.

Das erste Muster übermalst du mit China-Tusche …

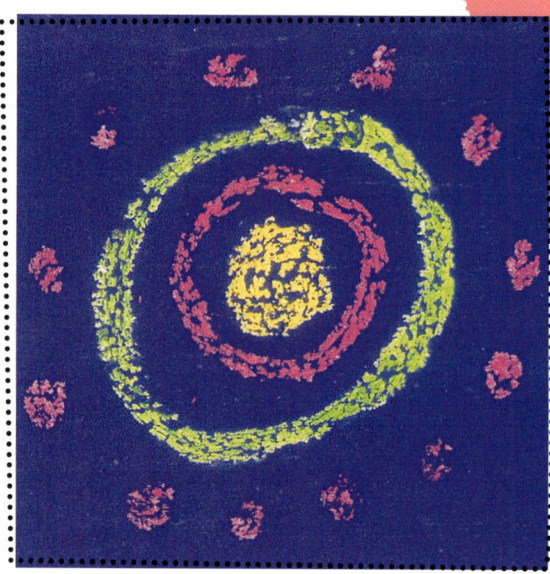

… und das zweite mit Plaka-Farbe.

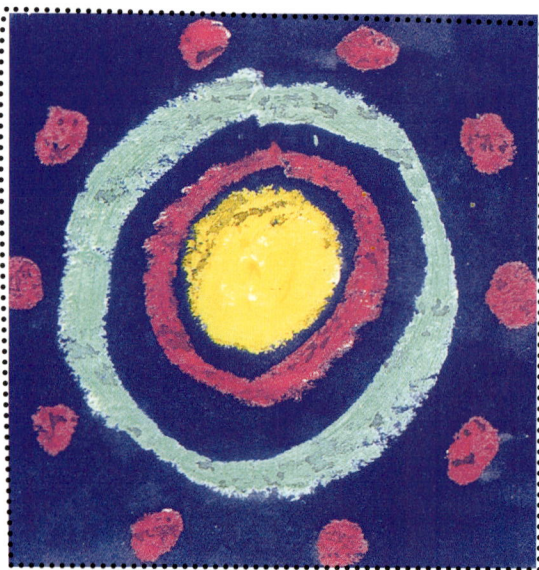

Du kannst auch Stofffarben verwenden, aber bitte deine Eltern, dir zu helfen.

So sieht das vierte Muster aus, wenn du es mit Wasserfarben übermalst.

Mache kleine Experimente mit Wachsmalkreiden und probiere eigene Ideen aus; du wirst sicher viele neue Techniken entdecken. Hier einige Vorschläge für den Anfang.

Wachsmalkreide auf rauem Papier, mit Wasserfarbe übermalt.

Wachsmalkreiden kann man auch über einer Kerze schmelzen und mit den Tropfen ein Bild gestalten. Bitte deine Eltern, dir zu helfen.

Hier wurde ein Muster aus Wachsmalkreide herausgekratzt, dieses wieder übermalt und nochmals herausgekratzt.

Du kannst die Wachsmalkreiden auf dem Bild schmelzen, wenn du es auf die Heizung legst oder auf der Rückseite bügelst. Vorsicht! Frage deine Eltern.

Probiere eine durchsichtige Folie.

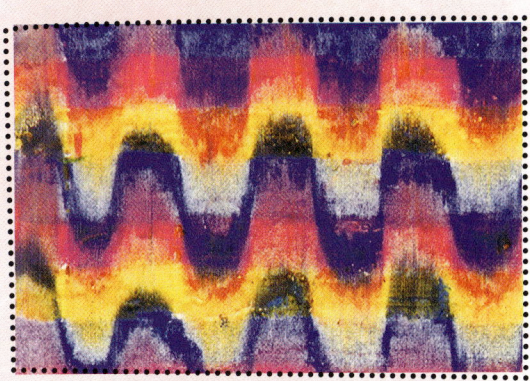

Warme Kreiden mit dem Finger verwischt.

**WACHSMALKREIDEN**

# 4 Wachsmalkreiden auf farbigem Papier

Die Farben der Wachsmalkreiden wirken auf verschiedenfarbigem Papier ganz unterschiedlich. Probiere aus, welche Farben deckend und welche transparent sind.

Auf orangefarbenem Papier ist das gelbe Haus kaum zu erkennen. Blau und Violett wirken klar und leuchtend.

Auf grünem Papier wird das gelbe Haus hellgrün.

Auf blauem Papier ist das mit Gelb gemalte Haus am besten zu erkennen.

Wenn du mit Weiß über dunkle Farben malst, werden diese heller.

Probiere viele verschiedene Farben auf schwarzem Papier aus.

WACHSMALKREIDEN

# 5 Wachsmalkreiden auf rauem Papier

Wenn du mit Wachsmalkreiden auf rauem Papier malst, entsteht durch die raue Oberfläche eine interessante Struktur.

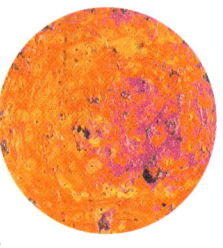

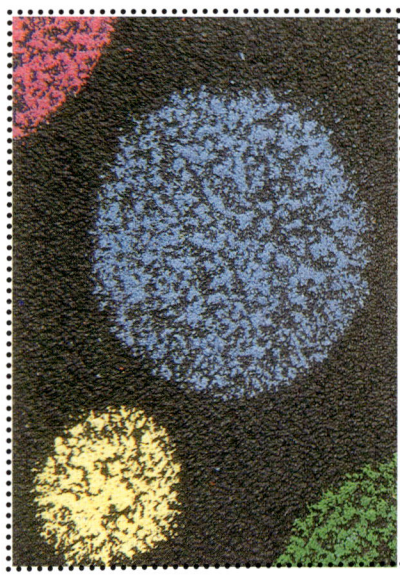

**1** Male mit Wachsmalkreiden verschieden große Punkte auf Sandpapier.

**2** Auf schwarzem Sandpapier leuchten die Farben besonders gut.

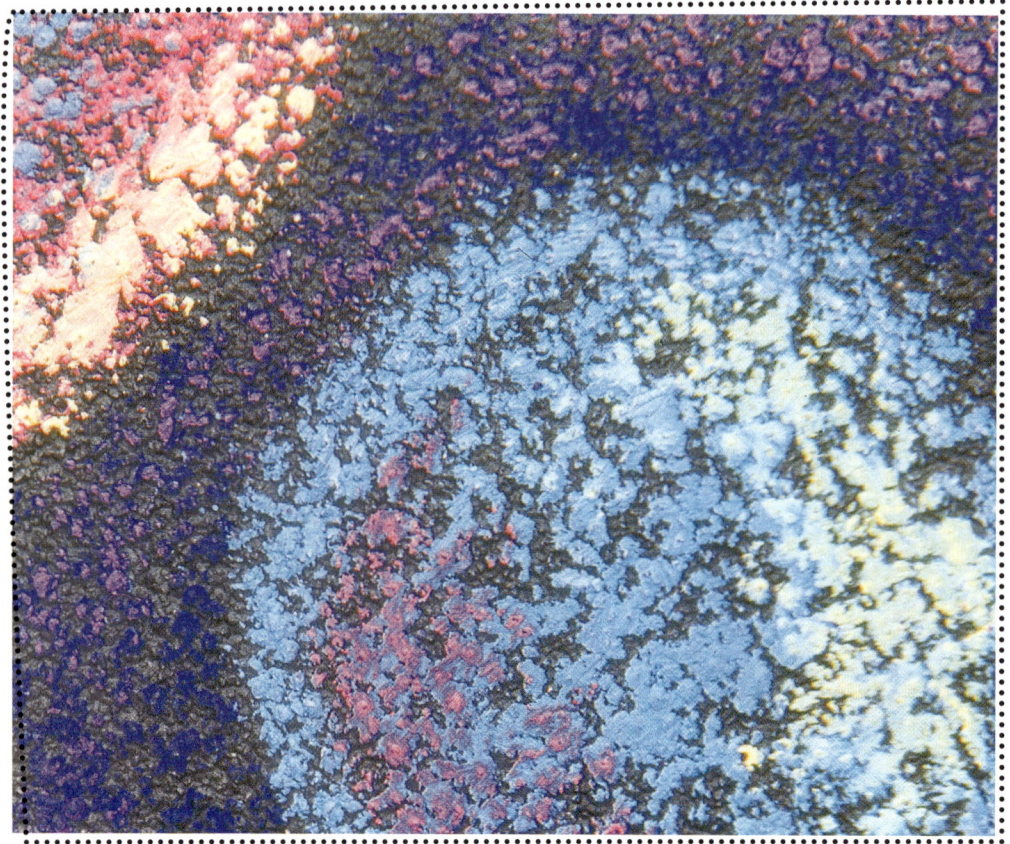

**3** In dieser Vergrößerung kannst du die raue Oberfläche sehr gut erkennen.

**4** Wenn du Punkte in verschiedenen Farben und Größen malst, entsteht ein leuchtendes Bild.

# 6 Wachsmalkreiden und Wasserfarben

Malst du mit Wasserfarbe über ein Muster aus Wachsmalkreide, haftet die Farbe nur dort, wo keine Kreide ist.

**1** Hier wurden die Blätter von dem Baum mit Wachsmalkreiden gemalt.

**2** Die Form des Baums wurde mit grüner Wasserfarbe darübergemalt. Die Farbe hat die Blätter nicht abgedeckt.

In diesem Bild wurde zuerst ein Muster mit weißer Wachsmalkreide gezeichnet und dann mit Wasserfarbe darübergemalt.

Du kannst Wachsmalkreide und Wasserfarbe in vielen verschiedenen Farbkombinationen verwenden, um ein Bild zu gestalten. Wenn du nicht möchtest, dass die Wasserfarben ineinander verlaufen, lass jede Farbe erst trocknen, bevor du weitermalst.

WACHSMALKREIDEN

# 7 Wachsmalkreiden auskratzen

Wenn du Papier mit zwei dicken Schichten Wachsmalkreide abdeckst, kannst du in die obere Schicht hineinkratzen, bis die Farben der unteren Schicht durchscheinen.

**1** Benutze für die erste Schicht verschiedenfarbige Wachsmalkreiden.

**2** Übermale das ganze Blatt mit einer schwarzen Kreide, sodass von den ersten Farben nichts mehr zu sehen ist.

**3** Nun kannst du mit einem Zahnstocher oder einem Pinselstiel in die schwarze Schicht ein Bild hineinkratzen.

**4** Beim Auskratzen wird die untere Farbschicht sichtbar und es ist immer eine Überraschung, welche Farben erscheinen. In diesem Meer schwimmen viele bunte Fische.

Wenn dir eine Form, die du herausgekratzt hast, nicht gefällt, kannst du einfach wieder mit der schwarzen Kreide darübermalen und noch einmal hineinkratzen.

WACHSMALKREIDEN

# 8 Wachsmalkreiden auf Seidenpapier

Schöne Strukturen entstehen, wenn du mit Wachsmalkreiden ganz leicht über zerknittertes Seidenpapier streichst.

**1** Du brauchst ein Stück Malkarton und Seidenpapier in verschiedenen Farben.

**2** Zerknülle Seidenpapier und streiche es wieder glatt. Klebe nun das zerknitterte Papier auf den Karton.

**3** Du kannst aus den anderen Blättern weitere Formen ausschneiden und sie über das erste Seidenpapier kleben.

**4** Streiche mit der Wachsmalkreide darüber, wenn der Kleber trocken ist. Das Knittermuster wird jetzt sichtbar.

Hier ist eine bunte Landschaft aus Seidenpapier und Wachsmalkreiden entstanden.

WACHSMALKREIDEN

# 9 Wachsmalkreiden auf Stoff

Es ist sehr spannend, mit Wachsmalkreiden auf Stoff zu malen.

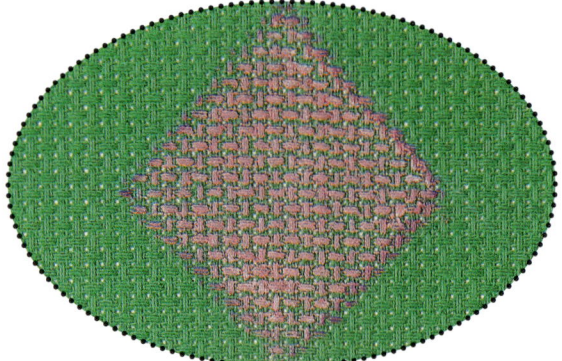

**1** Hier wurde zuerst ein violettes Quadrat auf grünen Stoff gemalt.

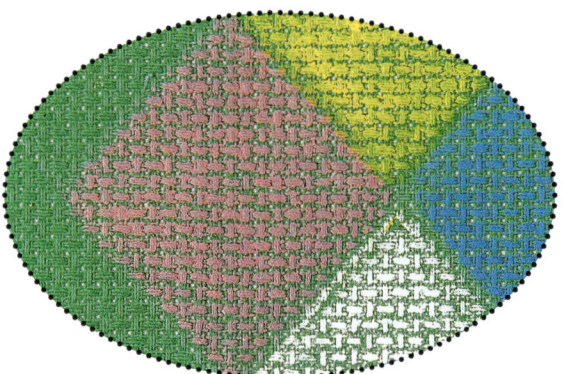

**2** Dann wurden Dreiecke in anderen Farben dazugemalt, so entstand ein buntes Muster.

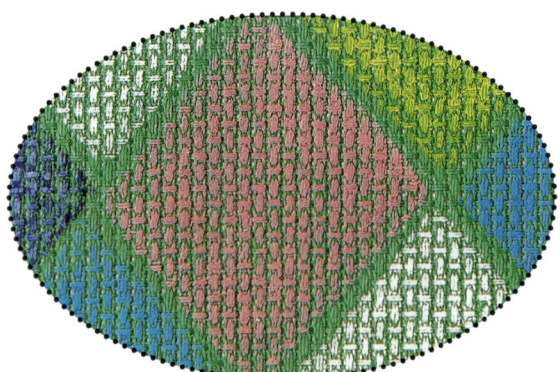

**3** Um die Konturen der Formen deutlich hervorzuheben, kann man einen Pinsel in Terpentin-Ersatz tauchen und dann die Linien um die Formen herum nachzeichnen.

Probiere auch Muster und Bilder auf verschiedenen Stoffarten aus.

# Wasserfarben

# 1 Malen mit Wasserfarben

## Ein Malkasten mit Wasserfarben

Mit Wasserfarben kannst du viele verschiedene Sachen ausprobieren. Du kannst malen mit:

… der Pinselspitze,   … einem flach gedrückten Pinsel,   … einem ganz nassen Pinsel,   … einem trockenen Pinsel   … oder mit deinem Finger.

# Du kannst malen auf ...

... einem nassen Papier, auf dem die Farbe verläuft, ...

... oder auf trockenem Papier.

Wenn du zwei Farben ganz dicht nebeneinandermalst, verlaufen sie ineinander.

Wenn du mit viel Farbe malst und immer mehr Wasser dazunimmst, entsteht ein Verlauf von Dunkel nach Hell.

So sieht es aus, wenn du über eine feuchte Farbe mit einer anderen Farbe malst, ...

... und so, wenn du über eine schon trockene Farbe malst.

# 2 Verschiedene Muster

Wenn die Farbe noch nass ist und du malst mit einer anderen Farbe darüber, vermischen sich die Farben.

Dies sind blaue Punkte, gemalt auf einen nassen gelben Hintergrund. Beide Farben vermischen sich und es entsteht die Farbe Grün.

Du kannst auch Linien malen.

Male gelbe Linien über schon getrocknete blaue Linien. Die blaue Farbe kannst du unter der gelben noch gut erkennen.

Du kannst zwei Farben mischen, indem du mit einem Strohhalm in die nassen Farben hineinbläst.

Oder mische die Farben, indem du ein Stück Papier auf die nassen Farben drückst.

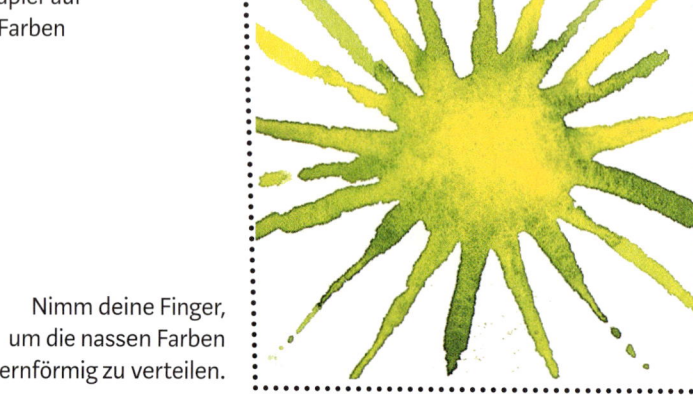

Nimm deine Finger, um die nassen Farben sternförmig zu verteilen.

**28** WASSERFARBEN

Du kannst schöne Muster malen, wenn du einen Teil des Bildes mit einer Schablone abdeckst. Nachdem die Farben getrocknet sind, entfernst du die Schablone wieder.

Du kannst ein Klebeband benutzen, um Linien abzudecken.

Aus einer selbstklebenden Folie kannst du verschieden geformte Schablonen herausschneiden.

Oder du zeichnest mit weißer Wachskreide ein Muster und malst mit Wasserfarben darüber.

Du kannst auch zuerst einen Hintergrund mit Wasserfarben malen und dann mit einem nassen Pinsel Muster herauswaschen.

Du kannst auch ohne Pinsel malen.

Wasserfarben können mit einer Zahnbürste und einem flachen Sieb aufgespritzt...

...oder mit einem Schwamm aufgetupft werden.

WASSERFARBEN

# 3  Kleine Experimente

Wenn du Wasserfarben mit anderen Materialien mischst, kannst du ganz viele verschiedene Muster gestalten.

Streue etwas Salz auf die frisch aufgetragene Wasserfarbe und schau, wie sich das Salz auflöst und in der Farbe verteilt.

Dunkelblaue Stofffarbe auf gelbe Wasserfarbe gestreut, ergibt ein interessantes Muster.

Besondere Muster bekommst du auch, wenn du mit Wasserfarbe auf verschiedenen Untergründen malst.

Aquarellpapier saugt die Farbe auf. Die Struktur des Papiers ist nach dem Trocknen der Wasserfarbe gut sichtbar. Die Farben werden heller, wenn du mehr Wasser nimmst.

Papyrus saugt wenig Farbe auf. Wenn du darauf malst, erhältst du eine ganz andere Struktur.

Du kannst sogar auf Kork malen. Beobachte, wie sich die Farben auf diesem dunklen Untergrund verändern.

Experimentiere mit Wasserfarben und probiere selbst ein bisschen aus. Vielleicht entdeckst du ganz neue Maltechniken. Hier sind einige Vorschläge für den Anfang.

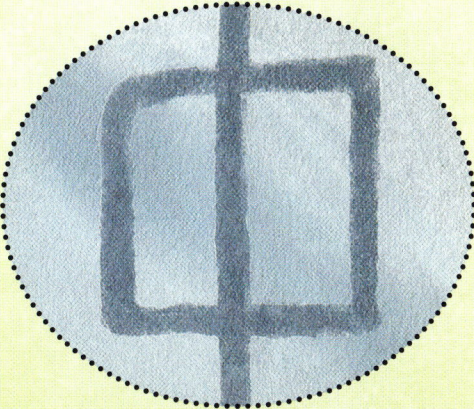

Übermale farbiges Papier mit Wasser und Deckweiß und zeichne darauf mit feuchtem Pinsel ein Muster. Unter dem Muster wird die Papierfarbe wieder sichtbar.

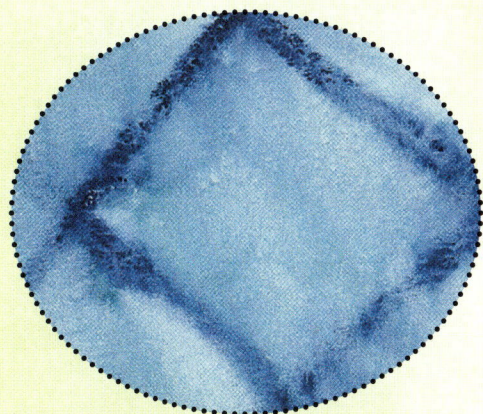

Zeichne ein Muster mit einem wasserlöslichen Farbstift und male mit Wasser darüber, sodass das Muster verschwimmt.

Klebe zerknittertes Seidenpapier auf ein Stück Karton. Ritze mit einem Messer Linien in das Papier und male darüber.

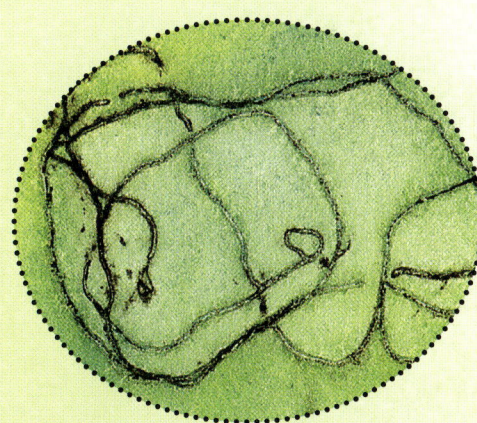

Tauche einen Faden in schwarze Wasserfarbe, lege ihn auf einen nassen farbigen Untergrund und entferne ihn nach dem Trocknen.

Falte ein Stück Papier in der Mitte. Bemale eine Hälfte und klappe die andere darüber. Öffne nun das Papier wieder und lass es trocknen.

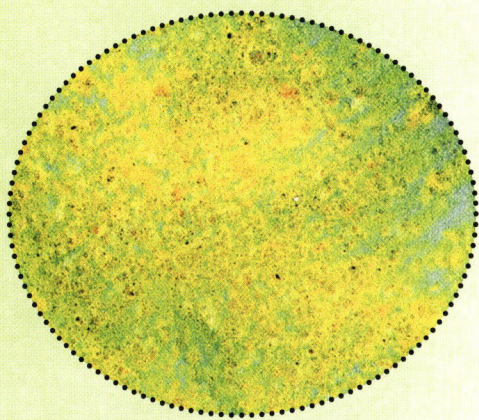

Streue Lebensmittelfarbe über einen mit Wasserfarben bemalten Untergrund.

# 4 Wasserfarben und Wasser

Wasserfarben verlaufen nicht auf trockenem Papier. Befeuchte eine kleine Fläche und tropfe Wasserfarbe darauf. Die Farbe verläuft nur bis zum Rand der nassen Fläche.

**1** Zeichne zuerst die Umrisse einer Blume und male sie nur mit Wasser an.

**2** Dann nimmst du gelbe und blaue Wasserfarbe und lässt sie in die Mitte der Form tropfen. Die beiden Farben verlaufen ineinander und eine bunte Blume entsteht.

Dieses Muster sieht aus wie ein Fenster. Die Wasserfarbe ist nur auf den angefeuchteten Stellen verlaufen. Die trockenen Stellen bleiben weiß.

Mit dieser Technik kannst du verschiedene Figuren und Formen malen. Hier ist ein Bild mit Sternen und Vögeln entstanden. Jeder Vogel und jeder Stern sieht anders aus, obwohl immer die gleichen Farben aufgetupft wurden.

WASSERFARBEN **33**

# 5 Wasserfarben aufspritzen

Du kannst Wasserfarben auch mit der Zahnbürste aufspritzen. Dabei arbeitest du am besten mit Schablonen.

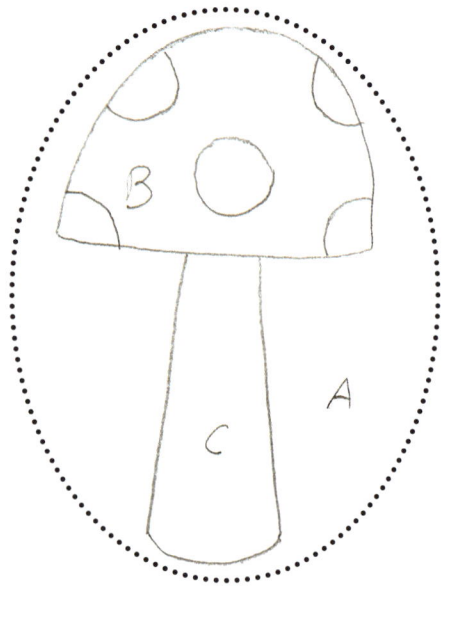

**1** Zuerst machst du eine Bleistiftzeichnung und wählst die Farben für die einzelnen Flächen aus. Kennzeichne die jeweiligen Flächen und schneide sie aus.

**2** Lege Schablone B und C auf dein Malpapier. Tauche die Zahnbürste in grüne Wasserfarbe und streiche sie über ein flaches Sieb, bis der Hintergrund fertig ist.

**3** Entferne Schablone B. Decke den Hintergrund mit Schablone A ab. Die Punkte des Pilzes musst du mit runden Schablonen abdecken, dann kannst du die rote Farbe verspritzen.

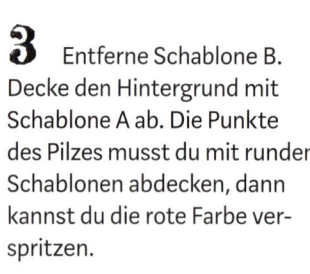

**4** Nun legst du Schablone A und B auf dein Bild, entfernst Schablone C und bespritzt den Stiel des Pilzes mit gelber Farbe.

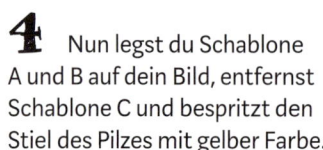

Verspritze einmal Farbe mit einer sehr nassen und dann mit einer trockenen Zahnbürste. So lassen sich verschiedene Oberflächen und Farbtöne gestalten.

WASSERFARBEN

# 6 Wasserfarben und weiße Wachsmalkreide

Ähnlich wie mit den Schablonen kannst du auch mit Wachsmalkreide Teile deines Bildes abdecken, bevor du mit Wasserfarben darübermalst.

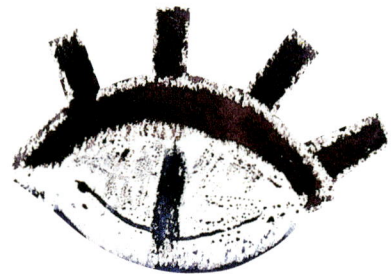

**1** Zeichne ein Bild mit weißer Wachsmalkreide.

**2** Male mit Wasserfarbe darüber. Du siehst, dass deine Zeichnung gut sichtbar wird.

Zeichne ein Muster und male es mit weißer Wachsmalkreide aus. Zeichne dasselbe Muster daneben und male den Hintergrund aus. Male mit blauer Wasserfarbe über das Bild. So entstehen Positiv- und Negativformen.

Dieses Gesicht wurde auch mit dieser Technik gemalt.

WASSERFARBEN

# 7 Wasserfarben und Filzstifte

Zeichne ein Muster mit wasserlöslichen Filzstiften. Wenn du dann mit Wasserfarben darübermalst, verläuft das Muster.

**1** Nimm Aquarell- oder Löschpapier und einen wasserlöslichen Filzstift. Denke dir ein Motiv aus und zeichne es.

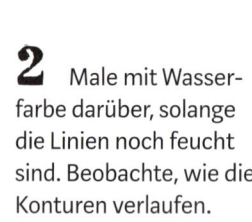

**2** Male mit Wasserfarbe darüber, solange die Linien noch feucht sind. Beobachte, wie die Konturen verlaufen.

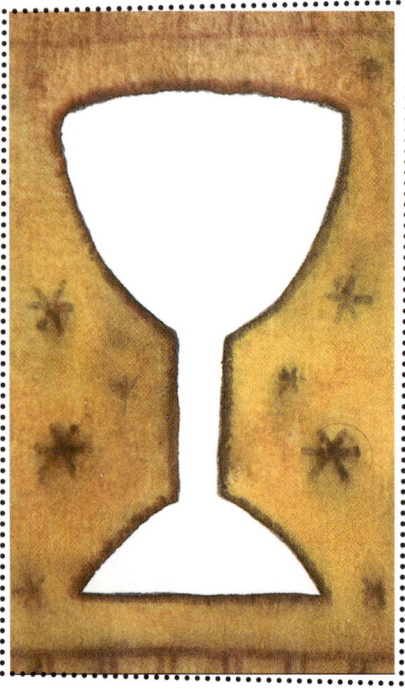

Du kannst auch nur den Hintergrund anmalen.

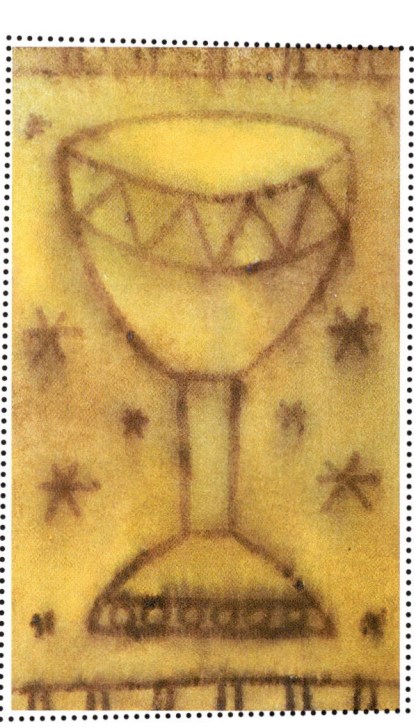

Oder male Hintergrund und Motiv an.

Bei dieser Burg sollten die Farben nicht ineinanderverlaufen. Deshalb musste jede Farbfläche erst trocknen, bevor eine neue bemalt wurde.

WASSERFARBEN

# 8 Wasserfarben und Spülmittel

Wenn man Wasserfarben mit etwas Spülmittel mischt, kann man auch auf sehr glatten Oberflächen malen, wie zum Beispiel auf Glas, Porzellan, Plastik oder glänzendem Papier. Frage deine Eltern nach einer alten Tasse oder einem alten Teller und probiere es einmal aus.

**1** Nimm glänzendes Papier und male darauf mit der mit Spülmittel gemischten Wasserfarbe.

**2** Solange die Farbe noch nass ist, kannst du mit einem Pinsel Muster in dein Bild malen.

**3** Wenn die Farbe trocken ist, male grüne Striche darauf …

**4** … und noch ein paar grüne Punkte.

40 WASSERFARBEN

Dieses Bild wurde mit Wasserfarbe und Spülmittel auf Glas gemalt. Solange die Farbe nass ist, kannst du mit dem Finger Muster hineinmalen, wie zum Beispiel bei den Blumen.

WASSERFARBEN

# 9 Wasserfarben auf Holz

Wenn du Wasserfarben mit Wasser vermalst, werden sie transparent und du kannst den Untergrund sehen. Wenn du auf Holz malst, bleibt die Maserung sichtbar.

**1** Suche dir ein Stück Holz. Vielleicht findest du eines zu Hause, aber frage erst deine Eltern, ob du es haben kannst. Furnier oder Papyrus kannst du auch nehmen.

**2** Male Formen wie zum Beispiel Blätter auf das Holz.

**3** Du kannst das Bild weiter ausgestalten und die Farben übermalen. Du siehst, dass die Wasserfarben fast nicht verlaufen.

Auf diesem Bild kannst du die Holzmaserung besonders gut sehen.

# Plaka-Farben

# 1 Malen mit Plaka-Farben

**Plaka-Farben gibt es in kleinen Töpfen zu kaufen.**

## Du kannst malen mit ...

... einer Ausziehfeder,

... einem feinen Pinsel,

... einer Malerrolle,

... einem dicken Pinsel

... oder mit einem Spachtel.

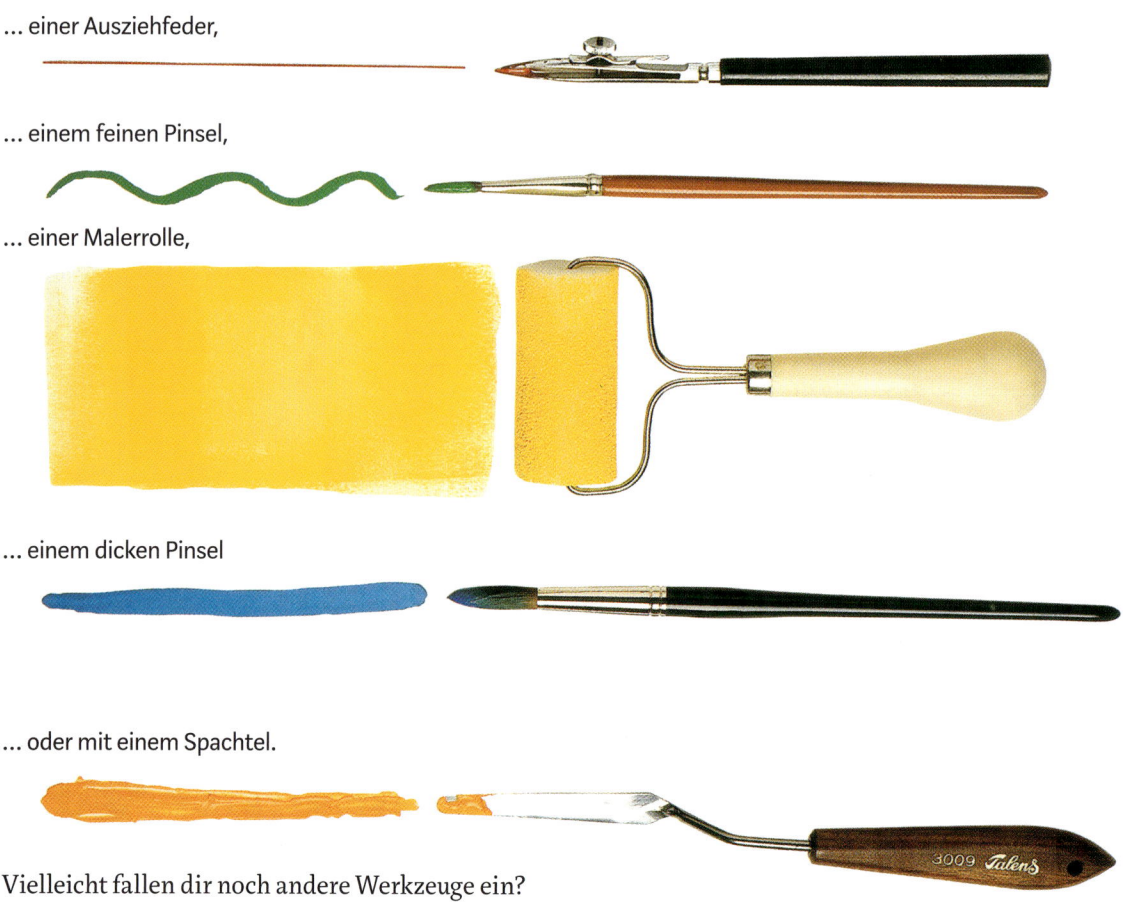

Vielleicht fallen dir noch andere Werkzeuge ein?

# Es macht Spaß ...

... unterschiedliche Papiersorten auszuprobieren ...

... oder zwei Farben übereinanderzumalen.

# Du kannst die Farben auch miteinander mischen.

# Du kannst die Farbe auch mit Wasser verdünnen.

Wenn du viel Wasser benutzt, wirkt die Farbe ganz hell,

... wenn du wenig nimmst, dunkel.

So sieht es aus, wenn du ohne Wasser malst.

PLAKA-FARBEN

# 2 Verschiedene Muster

Du kannst verschiedene Werkzeuge benutzen, um Muster zu gestalten.

Du kannst mit einer Zahnbürste malen …

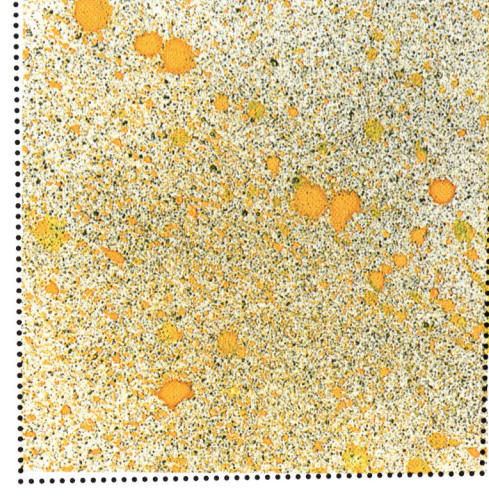

… oder sie über ein flaches Sieb streichen und so die Farbe auf dein Blatt spritzen.

Mit einem Schwamm kannst du die Farben auftupfen.

Für glatte Oberflächen benutzt du am besten eine Malerrolle.

Mit einem Stock oder einem Schilfrohr entsteht ein ganz unruhiges Muster.

PLAKA-FARBEN

Du kannst mit Plaka-Farben auch Muster drucken.

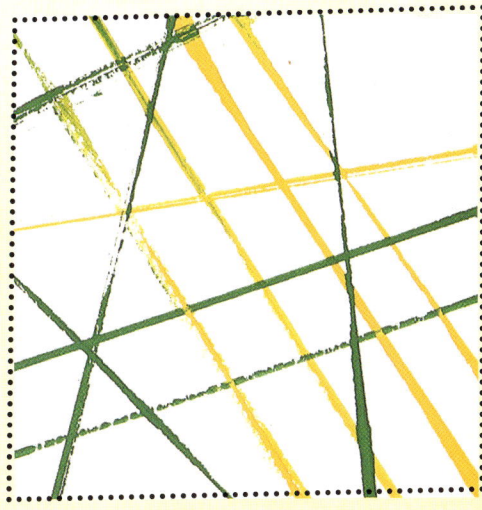

Probiere einmal mit der Kante von einem Lineal, lange, dünne Linien zu drucken.

Oder knülle ein Stück Stoff zu einem Ball zusammen und drucke damit Farbe auf das Papier.

Du kannst auch deine Finger benutzen.

Dieses Muster entsteht, wenn du die Kante von einem Lineal beim Aufdrucken über das Papier ziehst.

Du kannst auch ein Papierknäuel in Farbe tauchen und damit über dein Bild rollen ...

...oder Blätter mit Plaka-Farbe bestreichen und sie aufdrucken. Fallen dir noch andere Dinge ein, mit denen du drucken kannst?

PLAKA-FARBEN

# 3 Kleine Experimente

Schöne Muster entstehen auch, wenn du Teile deines Bildes mit Schablonen abdeckst und dann mit Plaka-Farben darübermalst.

Wenn du breite Papierstreifen auf dein Papier legst und nur die Zwischenräume bemalst, entsteht ein Karomuster.

Du kannst auch verschiedene Formen aus selbstklebender Folie ausschneiden und sie als Schablonen aufkleben.

Schön ist auch farbiges Papier als Untergrund. Wenn du die Schablone entfernst, wird die Papierfarbe sichtbar.

Du kannst Glitter oder Sand über die Plaka-Farbe streuen ...

... oder Muster mit einem Zahnstocher in die Plaka-Farbe hineinkratzen.

**48** PLAKA-FARBEN

Probiere deine eigenen Ideen mit Plaka-Farbe aus, vielleicht findest du ganz neue Techniken.
Hier sind einige Vorschläge für den Anfang.

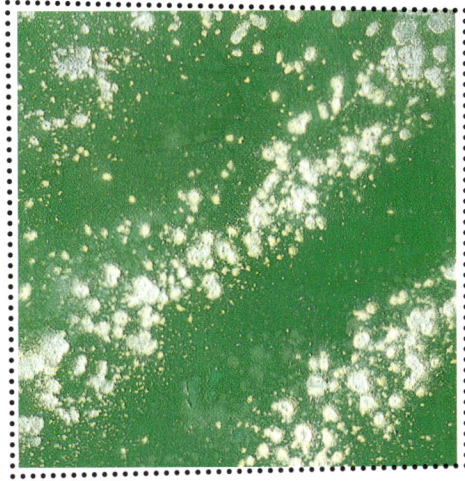

So sieht es aus, wenn man Talkumpuder über feuchte Plaka-Farbe streut, ...

... und so, wenn man mit einer anderen Farbe über eine noch feuchte Farbschicht malt.

Du kannst auch auf Holz malen.

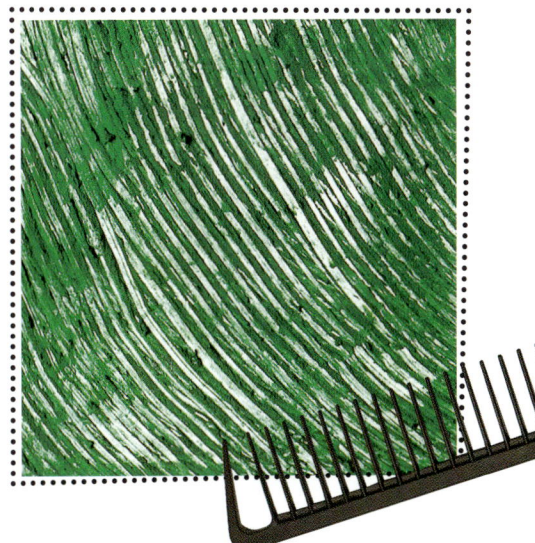

Man kann Plaka-Farbe auch mit Tapetenkleister mischen und dann mit einem Kamm hineinkratzen.

Solche Muster entstehen, wenn man mit einem Strohhalm in ganz nasse Farbe hineinbläst.

PLAKA-FARBEN

# 4 Plaka-Farben auf durchsichtiger Folie

Bevor du anfängst, musst du beide Seiten deiner Folie mit etwas Alkohol reinigen. Bitte deine Eltern, dir dabei zu helfen.

**1** Bemale eine Seite deiner Folie mit schwarzer Farbe und kratze, wenn die Farbe trocken ist, mit einem Zahnstocher Formen und Muster hinein.

**2** Jetzt drehst du die Folie auf die andere Seite und bemalst die Muster auf der Rückseite mit verschiedenen Plaka-Farben.

**3** Nachdem die Farben getrocknet sind, drehst du die Folie wieder auf die schwarze Seite und dein Bild ist fertig.

50   PLAKA-FARBEN

**4** Weil du auf beiden Seiten der Folie malst, können die bunten Farben nicht im schwarzen Hintergrund verlaufen und es entstehen schöne, leuchtende Bilder.

# 5 Plaka-Farben und Waschpulver

Wenn du Plaka-Farben mit Waschpulver mischst, kannst du plastische Oberflächen gestalten. Man kann aber auch Sand, Gips oder Tapetenkleister verwenden.

**1** Eine solche Oberfläche entsteht, wenn man Plaka-Farbe mit Waschpulver mischt und diese dicke Paste dann mit einem Spachtel auf ein Stück Papier aufträgt.

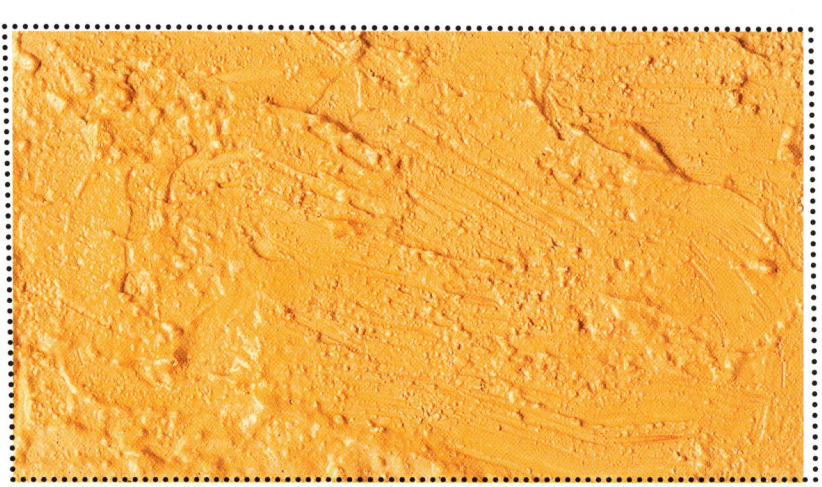

**2** Wenn der erste Auftrag ganz trocken ist, kannst du mit Plaka-Farben Formen darauf malen.

**3** Bevor du weitermalst, muss auch der zweite Farbauftrag ganz trocken sein.

52 PLAKA-FARBEN

Mit dieser Technik kannst du schöne plastische Bilder gestalten.

PLAKA-FARBEN

# 6 Plaka-Farben auf Alufolie

Du kannst mit Plaka-Farben sogar auf Alufolie malen.

**1** Zerknülle die Alufolie und streiche sie wieder glatt. Nun kannst du mit deiner Plaka-Farbe zum Beispiel eine gelbe Sonne darauf malen.

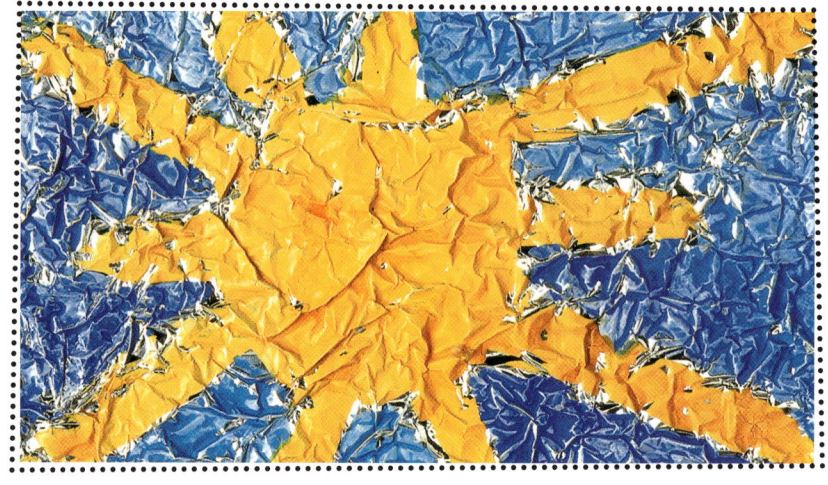

**2** Male den Hintergrund mit blauer Farbe an.

**3** Sind die Farben trocken, kannst du mit weißer Wachsmalkreide vorsichtig über dein Bild streichen. Die Falten der zerknitterten Alufolie treten deutlich hervor.

Einfache große farbige Flächen wirken mit dieser Technik sehr plastisch und bekommen eine interessante Struktur.

Wenn dir dein Bild nicht gefällt, kannst du die Farbe unter dem Wasserhahn abwaschen und von vorn beginnen.

PLAKA-FARBEN

# 7 Eine Collage aus verschiedenen Techniken

Du kannst in einem Bild mit ganz verschiedenen Techniken arbeiten.

**1** Mit einem breiten Pinsel und hellblauer und dunkelblauer Plaka-Farbe kannst du Wellen auf dein Papier malen.

**2** Gestalte mehrere Blätter Papier in verschiedenen Techniken. Zum Beispiel mit der Zahnbürste Plaka-Farben aufspritzen oder Glitter auf die Farbe streuen.

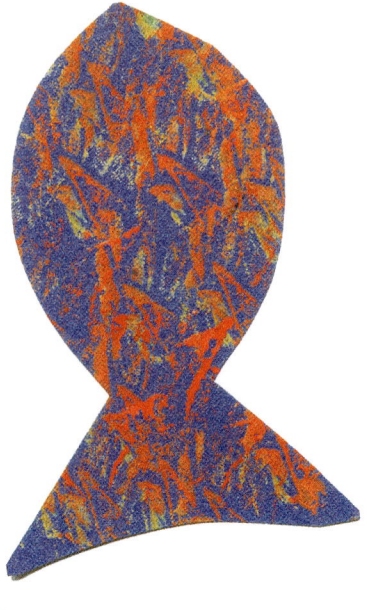

**3** Wenn die Farbe getrocknet ist, schneide verschiedene Fische oder andere Formen aus.

**4** Jetzt kannst du die Fische auf deinen Wellenhintergrund kleben. So entsteht ein Unterwasserbild.

PLAKA-FARBEN

# 8  Mit einer Rolle malen

Mit einer Malerrolle kannst du weißes Papier ganz schnell bunt anmalen.

**1** Tauche deine Rolle in Plaka-Farbe und rolle sie über ein Blatt weißes Papier. Probiere verschiedene Farben aus.

**2** Wenn die Farben getrocknet sind, kannst du verschiedene Formen und Figuren ausreißen.

**3** Klebe diese ausgerissenen farbigen Papierformen zu einer Collage zusammen.

Du kannst mit vielen Farben und Formen auch ein großes Bild entwerfen, das eine Geschichte erzählt.

PLAKA-FARBEN

# Buntstifte

# 1 Malen mit Buntstiften

**Buntstifte gibt es in vielen Farbnuancen.**

## So malst du mit Buntstiften:

Mit einer gespitzten Spitze kannst du dünne Linien zeichnen.

Mit einer stumpfen Spitze wird die Linie dicker.

Wenn du den Stift schräg hältst, kannst du eine Fläche ausmalen.

Du kannst sehr fest aufdrücken ...

... oder nur ganz leicht.

# Du kannst auch ...

... zwei Farben mischen.

... eine Farbe mit einer anderen überdecken.

... eine kräftige Linie zu helleren Farbtönen verwischen.

... radieren.

... mit einem Wischer (Papierrolle aus saugendem Papier) arbeiten.

... wasserlösliche Buntstifte mit Wasser verwischen.

BUNTSTIFTE

# 2 Verschiedene Muster

Du kannst mit Buntstiften verschiedene Muster malen. Je nach Untergrund des Papiers wirken sie ganz unterschiedlich.

Probiere Buntstifte einmal auf rauem Papier aus …

… oder auf Transparentpapier. So zeichnet sich die Maserung des Tisches ab, auf dem das Papier lag.

Du kannst auf Stramin malen, das ist eine Stoffunterlage, die du auf dein Zeichenpapier legst …

… oder auf glattem Papier.

Mit dem Radiergummi kannst du Flächen ausradieren oder Linien ziehen.

62 BUNTSTIFTE

Du kannst die Muster auch vor dem Malen in das Papier „einprägen".

Kratze mit einem Pinselstiel über das Papier. Wenn du mit Buntstiften darübermalst, werden die Linien sichtbar.

Zeichne Linien auf der Rückseite von beschichtetem Papier. Bemale nun die Vorderseite.

Buntstifte lassen sich auch mit anderen Farben mischen.

Ziehe mit Buntstift Linien auf einer mit Filzstift bemalten Fläche …

… oder male Muster über Wachsmalstifte.

Zeichne zuerst mit Buntstiften. Male dann mit Pastellkreide darüber.

**BUNTSTIFTE**

# 3  Kleine Experimente

Mit einem zweiten Blatt kannst du auf deiner Zeichnung Flächen aussparen. Die Flächen, die du abdeckst, werden nicht bemalt.

Decke einen Teil deiner Malfläche mit einem Blatt ab und male darüber. So entstehen gerade Kanten.

Schneide einen Kreis aus und lege die Schablone auf deine Malfläche. Male nun darüber.

Versuche es einmal mit einem Dreieck. Lege aber diesmal die ausgeschnittene Figur auf deinen Untergrund.

Es gibt wasserlösliche Buntstifte, die du mit einem nassen Pinsel übermalen kannst.

Malst du mit einem feuchten Pinsel über die einzelnen Buntstiftlinien, verlaufen sie.

Wenn du breite Farbflächen mit feuchtem Pinsel übermalst, werden die Farben kräftiger.

**64**  BUNTSTIFTE

Experimentiere mit Buntstiften und probiere selbst ein bisschen aus.
Du kannst Folgendes versuchen:

Bemale raues Papier blau und fotokopiere dies. So erhältst du ein glattes Papier mit einem Muster. Male mit anderen Farben darüber.

Übermale ein Motiv aus Zeitungspapier.

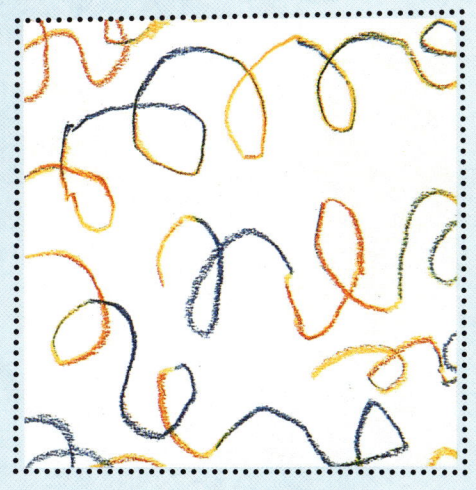

Zeichne geschwungene Linien mit einem Buntstift mit vielfarbiger Spitze.

Bestreiche ein Blatt mit Klebstoff. Spitze darüber Buntstifte, sodass kleine Krümelchen der Buntstiftspitze herunterfallen.

Auf Seite 62 ist bemalter Stramin abgebildet. Hier siehst du das Blatt, das beim Malen untergelegt war.

**BUNTSTIFTE** **65**

# 4 Buntstifte auf eingedrückten Mustern

Linien, die in die Oberfläche des Papiers eingedrückt sind, werden sichtbar, wenn du mit Buntstift darübermalst. So können schöne Muster entstehen.

**1** Drücke mit einem Pinselstiel deine Motive in das Papier. Sie sind kaum zu sehen. Hier sind sie mit Bleistift nachgezeichnet.

**2** Male mit Buntstiften über die eingedrückten Muster.

**3** Verwende für jedes Blatt eine andere Farbe.

**4** Die weißen Linien bleiben auch dann sichtbar, wenn du noch weitere Farben hinzufügst.

**5** Mit dieser Technik kannst du feine Linien und Einzelheiten farblos vorzeichnen. Schöne Effekte entstehen so zum Beispiel bei einem Waldbild.

# 5 Wasserlösliche Buntstifte

Es gibt wasserlösliche Buntstifte. Sie lassen sich mit Wasser übermalen und die Farben lösen sich dann auf.

**1** Male geometrische Muster in verschiedenen Farben auf ein Blatt.

**2** Male mit einem feuchten Pinsel über die Flächen.

**3** Manche Farben verlaufen stärker als andere.

68  BUNTSTIFTE

**4** Du solltest den Pinsel bei jedem Farbwechsel reinigen, damit sich die hellen und dunklen Farben nicht miteinander mischen. So kommt auch der Gegensatz der Farben, wie bei dieser Nachtlandschaft, besonders gut zur Geltung.

# 6 Buntstifte auf Wasserfarben

Mit Buntstiften kannst du gut auf andere Farben wie Filzstift, Wachsmalkreide, Plaka-Farbe, Tusche oder Wasserfarbe malen.

**1** Male zuerst den Hintergrund mit Wasserfarbe aus.

**2** Wenn er trocken ist, kannst du mit Buntstift darauf malen.

**3** Verwende Buntstifte in verschiedenen Farben.

**4** Mit schwarzem Buntstift werden die Umrisse hervorgehoben.

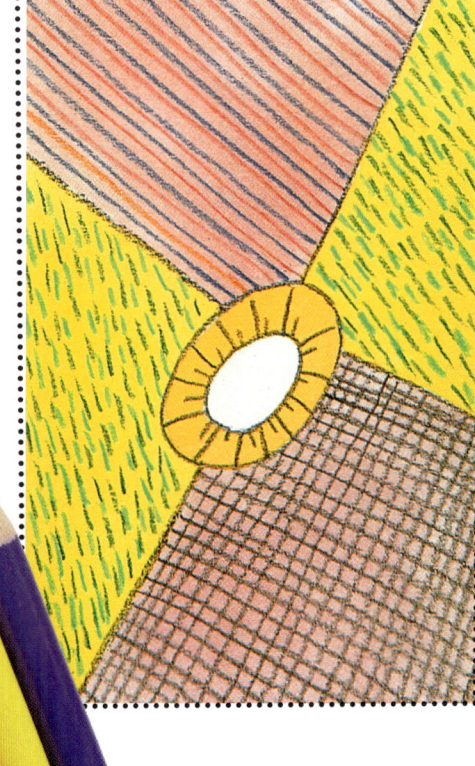

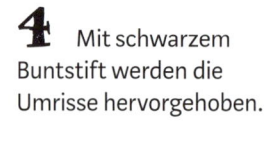

**5** Du kannst Buntstiftlinien wegradieren, wenn du dich vermalt hast. So kannst du die radierte Stelle noch einmal bearbeiten. Nur wenn Buntstift mit Wasser übermalt wird, lässt er sich nicht mehr wegradieren.

# 7 Buntstifte auf rauem Papier

Wenn du mit Buntstiften auf rauem Papier malst, wird die Struktur des Untergrunds gut sichtbar.

**1** Male ein Motiv auf raues Papier. Du kannst die Vertiefungen im Papier als kleine weiße Flecken erkennen.

**2** Bei dunklen Farben wird das „Muster" des Untergrunds deutlicher sichtbar als bei hellen Farben.

**3** Du kannst auch einen Hintergrund um das Motiv malen.

**4** Füge noch weitere Farben hinzu. Die Struktur bleibt trotzdem erhalten.

**5** Auf großen Flächen mit vielen Farben sieht man die Struktur des Untergrundes, also die kleinen weißen Flecken, besonders deutlich.

# 8 Buntstifte und Kohlepapier

Mithilfe von Kohlepapier können interessante Effekte entstehen.

**1** Lege ein Blatt Kohlepapier auf ein weißes Blatt und zeichne mit einem Pinselstiel oder einer leeren Kugelschreibermine ein Motiv.

**2** Der Durchschlag zeichnet sich auf dem weißen Blatt ab. Du kannst ihn in verschiedenen Farben ausmalen.

**3** Die schwarzen Linien des Kohlepapiers verschmieren etwas auf dem Hintergrund. Das ergibt eine besondere Wirkung.

74 BUNTSTIFTE

**4** Weil du beim Malen auf Kohlepapier nicht gleich siehst, was du malst, wird der Strich oft sehr locker und fröhlich, wie bei dieser Frühlingslandschaft.

# 9 Buntstifte und Radiergummi

Was du mit Buntstiften gemalt hast, kannst du mit einem Radiergummi wieder wegradieren. Es gibt aber auch härtere Radiergummis, welche die Farben vermischen, wenn du nur leicht über das Papier reibst.

**1** Male dein Motiv mit verschiedenen Farben.

**2** Wische vorsichtig mit einem harten Radiergummi darüber, sodass sich die Farben vermischen.

**3** Mit einfachen Linien und vermischten Farben kannst du sehr bewegte Bilder malen, wie bei diesem Kunstflieger.

# Filzstifte

# 1 Malen mit Filzstiften

## Eine Mappe mit wasserlöslichen Filzstiften

Mit der Spitze kannst du dünne Linien zeichnen.

Wenn du den Stift schräg hältst, wird die Linie dicker.

Mit dem schräg gehaltenen Stift kannst du auch Flächen schraffieren.

Mit einem Filzstift mit schmaler Spitze kannst du sehr dünne Linien zeichnen.

# Du kannst auch ...

... mit einer hellen Farbe über eine dunklere malen. So entsteht eine neue Farbe.

... mit einer dunklen Farbe über eine hellere malen.

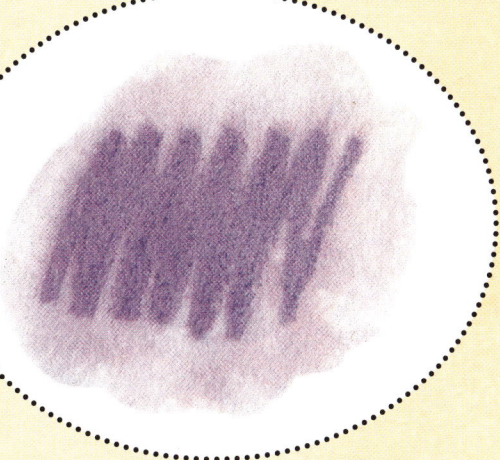

... die Fläche anfeuchten. Dann verläuft die Farbe.

... Farben miteinander mischen.

Du kannst Linien zeichnen ...

... oder Flächen ausfüllen.

FILZSTIFTE

# 2  Verschiedene Muster

Du kannst mit Filzstiften auf ganz verschiedene Arten malen.

Tupfe Punkte in verschiedenen Farben.

Ziehe eine doppelte Linie mit zwei Filzstiften gleichzeitig.

Du kannst ein optisches Spiel aus vielen farbigen Quadraten entwerfen …

… oder Muster auf einer farbigen Fläche.

Die dünnen Spiralen wirken von Weitem wie Streifen.

Du kannst auch eine Fläche mit verschiedenen Farben ausmalen.

**80**  FILZSTIFTE

Auf einer mit Filzstift ausgemalten Fläche kannst du mit Buntstift, Kreide, Wasserfarbe, Wachsmalkreide, Tinte oder Wasser weitermalen.

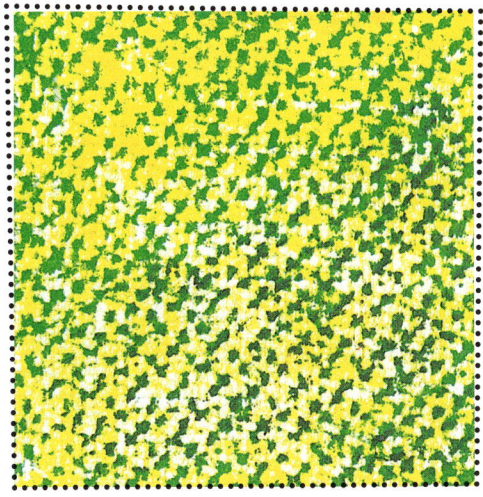

Auf rauem Papier kannst du einen Hintergrund mit hellem Filzstift malen und dann eine dunklere Kreide darüberziehen.

Mit Buntstift kannst du auf eine mit Filzstift ausgemalte Fläche zeichnen.

Male mit einem Wasserpinsel über deine Zeichnung ...

... oder über die ganze Fläche.

Lass von deiner Fingerspitze Wassertropfen auf ein mit Filzstift bemaltes Blatt tropfen.

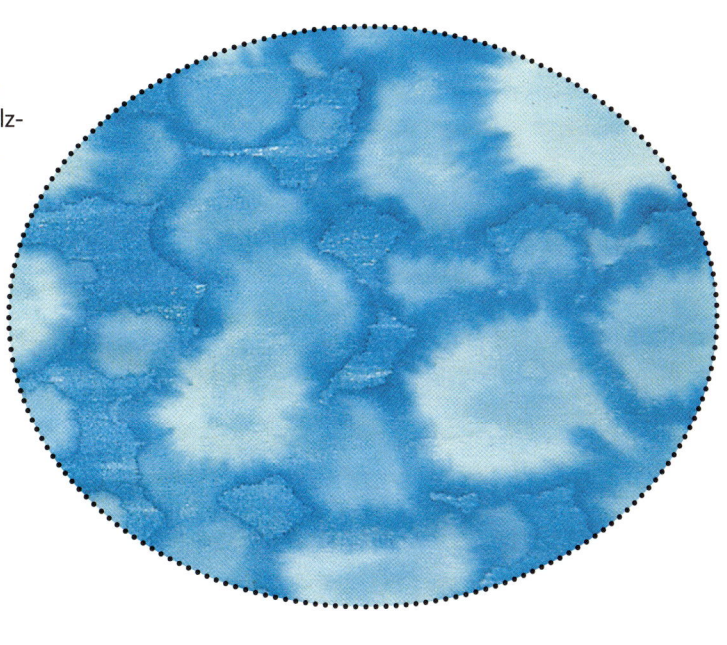

FILZSTIFTE **81**

# 3  Kleine Experimente

Filzstifte in transparenten Farben, zum Beispiel Layoutstifte, lassen sich gut mischen. Probiere diese Experimente auch mit wasserlöslichen Filzstiften.

Je öfter du übereinandermalst, desto intensiver wird die Farbe.

Wenn du verschiedene Farben übereinandermalst, entstehen neue Farbtöne.

Manchmal wird auch der Untergrund als Muster auf dem Papier sichtbar.

Bei Transparentpapier kannst du die Vor- und Rückseite bemalen.

Der Untergrund ist wichtig.

Auf Seidenpapier entstehen ganz glatte Flächen ...

... und auf rauem Papier bleibt die Struktur erkennbar.

Mache selbst kleine Experimente mit Filzstiften und probiere ihre Wirkung aus. Hier sind einige Vorschläge für den Anfang.

Male mit einem Löschstift auf den Untergrund.

Male mit Filzstift auf Stickstramin. Das ist ein grober Stoff, denn du auf dein Zeichenblatt legen kannst.

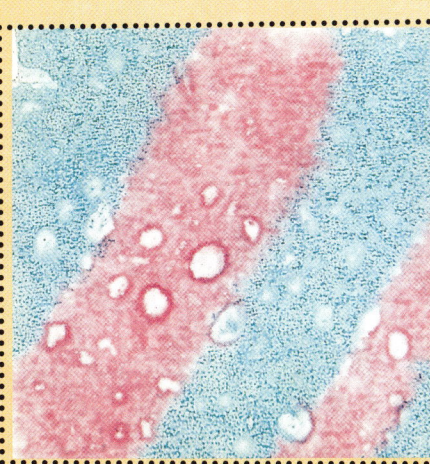

Lasse ein paar Wassertropfen auf dein Blatt tropfen.

Lege eine Papierserviette auf dein Blatt und teste, was sich durchdrückt.

Zeichne Farbstreifen in verschiedene Richtungen ...

... oder überziehe dein Bild mit Kreide.

FILZSTIFTE

# 4 Linienmuster mit Filzstiften

Du kannst Filzstifte so verwenden, dass du nur Linien zeichnest.

**1** Für das Gras malst du zwei verschiedene Grüntöne übereinander.

**2** Die Palmenstämme zeichnest du mit dicken und dünnen Linien.

**3** Für die Blätter zeichnest du dicke und dünne Linien in Gelb- und Grüntönen.

**4** Für den Himmel malst du ein Netz aus Blautönen.

**84** FILZSTIFTE

**5** So entsteht ein Urwald aus Linien statt Lianen.

# 5 Filzstifte auf Transparentpapier

Beim Malen auf Transparentpapier kannst du beide Seiten nutzen.

**1** Zeichne ein Motiv mit schwarzem Filzstift.

**2** Wenn du nun auf der anderen Seite weitermalst, können sich die Farben nicht vermischen.

**3** Male den Hintergrund mit verschiedenen Farben. Die Farben vermischen sich dabei ein bisschen.

**4** Nun drehe das Blatt wieder herum. Von vorn hebt sich der schwarze Umriss deutlich von den anderen Farben ab.

**5** Bis auf die schwarzen Umrisse wurde dieses afrikanische Motiv auf der Rückseite gemalt. Deshalb sieht der Hintergrund etwas blasser aus.

FILZSTIFTE

# 6 Filzstifte und Wachsmalkreide

Eine mit Filzstiften bemalte Fläche ist ein guter Untergrund für Buntstifte, Wachsmalkreide oder Pastellkreide.

**1** Male mit Filzstift eine Fläche.

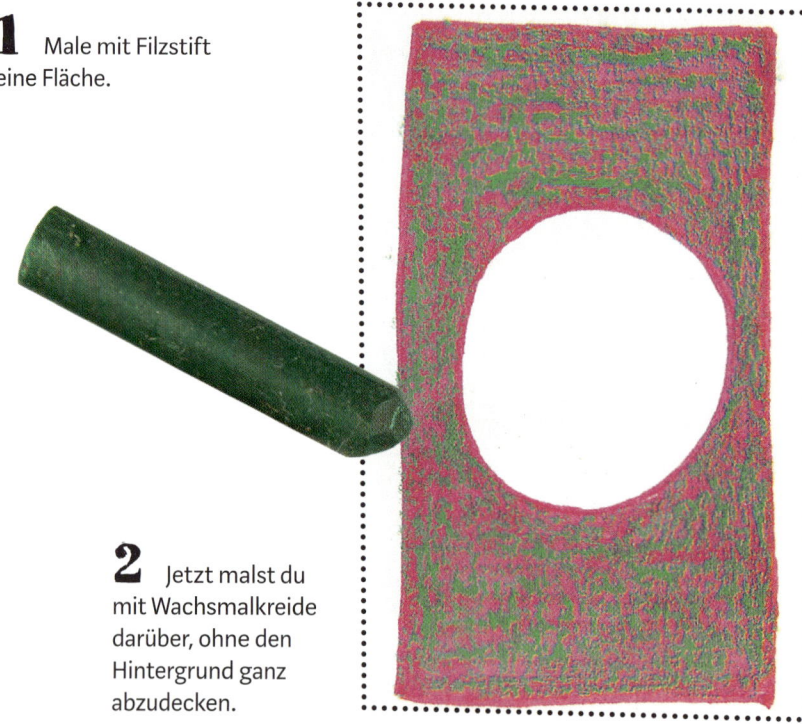

**2** Jetzt malst du mit Wachsmalkreide darüber, ohne den Hintergrund ganz abzudecken.

**3** Nach dem gleichen Prinzip kannst du weitere Fläche gestalten.

**4** Zum Schluss verzierst du die frei gebliebene Fläche mit Filzstift.

**5** Du kannst auch verschiedene Papiere übereinanderkleben. Je nach der Struktur des Untergrundes sieht das Ergebnis immer etwas anders aus.

FILZSTIFTE

# 7 Filzstifte auf gut saugendem Papier

Auf gut saugendem Papier, wie zum Beispiel auf Küchenpapier, verlaufen Filzstifte.

**1** Male eine Blume auf Küchenpapier.

**2** Male den Hintergrund. Wenn das Papier feucht wird, musst du warten, bis es wieder getrocknet ist.

**3** Auch die Rückseite des Bildes sieht interessant aus.

**4** Da das Papier stark saugt, sind die Farben sehr intensiv. Solange das Papier feucht ist, kannst du die Farben mischen.

# 8 Wassertropfen auf Filzstift

Die Farben vieler Filzstifte sind wasserlöslich. Wenn du Wassertropfen aufs Papier tropfen lässt, entstehen hellere Flecken.

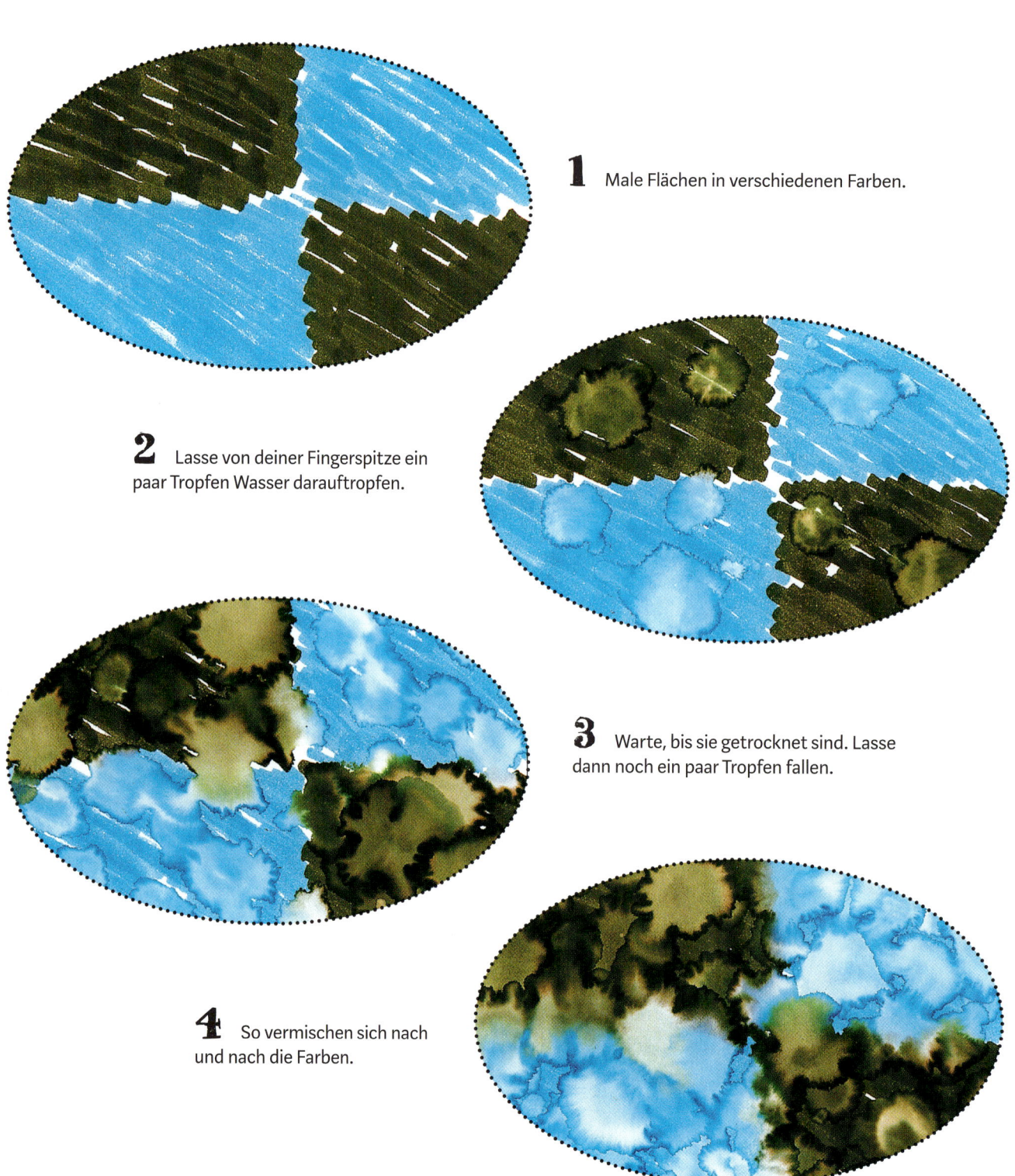

**1** Male Flächen in verschiedenen Farben.

**2** Lasse von deiner Fingerspitze ein paar Tropfen Wasser darauftropfen.

**3** Warte, bis sie getrocknet sind. Lasse dann noch ein paar Tropfen fallen.

**4** So vermischen sich nach und nach die Farben.

**5** Es wirkt zwar zufällig, aber mit etwas Übung kannst du kontrollieren, wo die Tropfen auf das Bild fallen. Wenn du um einzelne Elemente einen weißen Rand lässt, vermischen sich die Farben nicht.

# Glossar

## Die wichtigsten Farben

In diesem Buch werden verschiedene Farben vorgestellt. Die meisten sind wasserlöslich, d. h. du kannst sie mit Wasser verdünnen. Nur Wachsmalkreiden sind nicht wasserlöslich. Sie kannst du mit Terpentin-Ersatz übermalen. Es gibt aber auch noch andere Farben, die mit Terpentin-Ersatz löslich sind. Das sind zum Beispiel Ölfarben.
Alle Farben erhältst du in Bastel- oder Farbläden. Manche Farben gibt es auch in großen Baumärkten.

Hier noch einmal alle Farben und ihre Eigenschaften im Überblick.

**Wachsmalkreiden** – sind Kreidestifte auf einer Wasserbasis. Im Unterschied zu Pastellkreiden haften sie besser, lassen sich aber schlechter verreiben.

**Wasserfarben** – werden entweder in Tuben oder in Näpfchen angeboten und sind gut wasserlöslich.

**Plaka-Farben** – sind dickflüssige Farben in Näpfchen. Sie lassen sich besonders gut deckend auftragen.

**Buntstifte** – gibt es in vielerlei Ausführung und Qualität. Gute Buntstifte sind sehr farbintensiv und bruchsicher, aber auch etwas teurer. Zum Experimentieren sind besonders wasserlösliche Buntstifte geeignet, da du sie mit einem feuchten Pinsel übermalen kannst.

**Filzstifte** – gibt es in verschiedenen Ausführungen. Die handelsüblichen Filzstifte sind gut wasserlöslich. Schöne Effekte lassen sich auch mit transparenten Filzstiften, zum Beispiel Layoutmarkern, erzielen. Diese sind in speziellen Fachgeschäften erhältlich und sehr teuer.

## Die wichtigsten Materialien

Beim Malen spielt es eine große Rolle, auf welchem Material du malst und ob der Untergrund rau oder glatt, feucht oder trocken ist. Auch wenn du bereits andere Farben auf dem Untergrund aufgetragen hast, beeinflusst das deine Malerei.
Gute Zeichenpapiere erhältst du im Bastelladen.

Hier findest du die wichtigsten Malgründe noch einmal aufgeführt.

### PAPIERE

**Transparentpapier** – manchmal auch Pergamentpapier genannt, ist ein sehr dünnes, durchscheinendes Papier mit einer glatten Oberfläche. Es ähnelt Seidenpapier, aber dieses ist etwas weicher und nur ganz matt durchscheinend.
Transparentpapiere sind auch gefärbt erhältlich.

**Zeichenpapier** – ein glattes, weißes Papier. Es ist nicht besonders dick und überall leicht erhältlich.

**Raues Papier** – ein etwas dickeres Papier mit einer strukturierten Oberfläche. Besonders dick und Wasser saugend ist zum Beispiel Aquarellpapier.

**Saugendes Papier** – ein Papier, das besonders gut Wasser aufnimmt und verteilt. Besonders gut für Experimente geeignet ist weißes Küchenpapier oder Löschpapier. Bei dünnerem saugendem Papier drückt sich die Farbe durch.

**Pappe** – ist dicker als Papier und meistens nicht rein weiß, sondern leicht grau.

**Kohlepapier** – hat eine beschichtete Seite, durch die man Linien drücken kann. Es wird manchmal auch Durchschlagpapier genannt.

### WEITERE MATERIALIEN

**Holz** – dünne Holzbrettchen eignen sich sehr gut zum Bemalen. Eventuell musst du sie vorher grundieren (siehe Grundieren).

**Kork** – wird in dünnen Scheiben zum Bei-spiel im Baumarkt angeboten. Durch seine ungleichmäßige Oberfläche eignet er sich besonders gut, wenn du Strukturen beim Malen erkennen möchtest.

**Stoff** – große Maler arbeiten oft auf grundierter Leinwand. Aber auch für kleine Experimente eignen sich verschiedene Stoffe sehr gut.

## Die wichtigsten Techniken

Farben kannst du auf vielerlei Art auf das Papier bringen: Du kannst mit dem Pinsel malen, mit Fingern tupfen, mit Schwämmchen wischen und vieles mehr.

Hier findest du noch einmal die wichtigsten Techniken im Überblick.

**Grundieren** – Vorbereiten des Malgrundes, damit sich die Farbe besser auftragen lässt. Meist wird mit Deckweiß grundiert.

**Fixieren** – Wenn Farben, wie z.B. Pastellkreiden, nicht fest auf dem Papier haften, solltest du das fertige Bild fixieren. Dafür gibt es spezielle Fixative. Am einfachsten ist das Fixieren mit Haarspray. Bitte deine Eltern dir zu helfen.

**Deckend malen** – Wenn du die Farbe so intensiv aufträgst, dass der Untergrund nicht mehr durchschimmert. Meist wird beim Deckendmalen die Farbe mit nur sehr wenig Wasser verdünnt.

**Lasieren** – Die Farbe wird so dünn aufgetragen, dass der Untergrund noch durchschimmert. Das geht besonders gut mit Wasserfarben oder Aquarellfarben. Wenn der Untergrund farbig ist, können sich schöne Farbeffekte ergeben.

**Aufspritzen** – Die Farbe wird mit einer kleinen Bürste, zum Beispiel einer Zahnbürste, über einem kleinen Sieb auf das Blatt gespritzt. Besonders geeignet ist hierfür Plaka-Farbe.

**Verwischen** – Solange die Farbe, zum Beispiel Wasserfarbe, feucht ist, kann man sie verwischen. Das geht besonders gut mit einem kleinen Schwämmchen oder Läppchen.

**Tupfen** – Farbe muss nicht immer mit dem Pinsel aufgetragen werden. Sie kann auch mit den Fingern oder einem Spachtel aufgetupft werden.

**Farbe aufdrucken** – Du kannst dir aus Karton eine Schablone fertigen, diese mit Farbe bestreichen und dann auf das zu gestaltende Blatt drücken. Zum Drucken eignet sich Plaka-Farbe.

**Mit Schablonen arbeiten** – Du kannst auch aus festem Papier eine Schablone entwerfen und diese auf dein Blatt legen. Die Schablonenform wird dann entweder ausgespart oder ausgemalt.

**Collage** – Verschiedene Papiere werden aufeinander geklebt, sodass ein neues Bild entsteht. Mann kann auch noch weitere Materialien wie Pappe oder Stoffe verwenden. Du kannst auch mit farbigen Papieren experimentieren oder sie anschließend mit verschiedenen Farben bemalen.

**Auskratzen** – Verschiedene Farbschichten werden, zum Beispiel mit Wachsmalkreiden, übereinander aufgetragen. Wenn du die oberste Farbschicht abkratzt, scheinen die unteren Farbschichten wieder hervor.

**… und zum Schluss** – Wichtig ist, dass du deine Utensilien sorgfältig behandelst. So kannst du sie lange verwenden. Pinsel zum Beispiel dürfen nicht längere Zeit im Wasserglas stehen, sonst verbiegen sich die Pinselhaare. Beim Auswaschen reicht es, wenn du sie vorsichtig durch den Wasserbecher ziehst. Farbnäpfe und Leimtuben solltest du nach Gebrauch verschließen, sonst trocknet der Inhalt aus.

# Bildverzeichnis

**Cover Foto vorne**: iStockphoto / Vladimir (Buchstaben)

**Fotos Innenteil**: Fotolia: Artlana (Hintergrundfläche für Überschriften); euaggelia (farbige Hintergrund-flächen); andreapetrlik (Bilderrahmen); TADDEUS (Stifte und Farben): 3; BeTa-Artworks (Schulsachen): 5; Olga Kovalenko (roter Buntstift): 6, 95; DDRockstar (Wachsstifte): 7; Kenishirotie (Wachsstifte): 15, 88; www.doglikehorse.com (Sandpapier): 16f.; kozirsky (Pinsel): 19; stockWERK (Malpinsel): 28f., 56, 94; Alex Smith (Pinsel): 30, 68; ILYA AKINSHIN (Zahnbürste): 34; gertrudda (Pinsel): 36f.; DenisNata (scharzer Filzstift): 38; Africa Studio (Pinsel): 40; vizafoto (Pinsel): 43, 53; Klaus Eppele (Pinsel): 45; Dimitrios (bunte Trinkhalme): 49; kornienko (Kamm): 49; Schlierner (Alufolie): 55; kubedinov (Schere): 56; stephane41 (Buntstifte): 59; picsfive (Radiergummi): 62, 76; Anterovium (Buntstifte): 63; vladvm50 (Pinsel): 66; Mahmoud Rahall (Buntstifte): 70; DDRockstar (Filzstifte): 77; Michael Tieck (Filzstifte): 81; AllebaziB (Filzstifte): 84; womue (Küchenpapier): 91